1. Auflage für BRD und Österreich
Januar 1992

Originalgeschichten aus der TV-Serie PINGU
von Otmar Gutmann
Bilder: Tony Wolf
Text: Sibylle von Flüe
© 1992 Editoy/SRG

Printed in Italy

Printed by Officine Grafiche De Agostini
Bound by Legatoria del Verbano S.p.A.

PINGU ®
DER KÜNSTLER

KARL MÜLLER VERLAG

Pingu und die Ziehharmonika

Wie jeden Samstag ist Papa damit beschäftigt, den Teig für seinen weit und breit bekannten Gugelhupf zu rühren. Bei dieser Gelegenheit hört er Mama immer gerne zu, wenn sie erzählt, was sich im Laufe der Woche so alles ereignet hat.

Pinga hat von Opa eine kleine Trompete erhalten, die sie heiß liebt.

„Bei dem Lärm, den Pinga macht, kann ich auch noch ein wenig auf meiner Ziehharmonika üben, bevor ich zu Opa gehe", denkt Pingu und holt sein Instrument hervor.

Vor kurzem hat ihm Opa eine Ziehharmonika geschenkt.
Pingu ist davon begeistert. Wenn er sie schnell
auseinanderzieht, erklingt eine wilde Musik, zu der Pinga
sogleich laut singend tanzt.
Papa ist etwas anderer Meinung: „Immer schön langsam,
Pingu. Spiel doch nur einzelne Töne", bittet er.

„Papa, hör zu! So gefällt es Pinga und mir noch viel besser", sagt Pingu übermütig. Er steht schnell auf und schwenkt die Ziehharmonika an einem Arm auf und ab.
„Schöön", bewundert Pinga das klingende Durcheinander.
„Danke, Pingu, das reicht für heute", sagt Papa laut.
Mama schüttelt nur den Kopf und hält sich ihre Ohren zu.

„Ihr versteht eben nichts von moderner Musik. Ich gehe lieber zu Opa, der hat immer Lust, mir zuzuhören", seufzt Pingu. Er stellt die Ziehharmonika auf seinen Schlitten und macht sich gleich auf den Weg.
Vor der Post entdeckt er fünf Herren, die in eine äußerst wichtige Besprechung vertieft sind.

„So wie die aussehen, lieben sie Musik", denkt Pingu. Er setzt sich hin und läßt seine Ziehharmonika voll ertönen. Da rennen die Herren auf und davon, als ob aus tiefblauem Himmel der größte Platzregen herunterkäme. Einer verriegelt gar Tür und Fenster an seinem Iglu .
„Die haben es aber plötzlich eilig", wundert sich Pingu.

Opa sitzt vor seinem Iglu in der Sonne und erwartet ihn schon. Pingu hört ihn von weitem spielen und eilt ihm entgegen. Nachdem sie sich begrüßt haben, klagt er ihm sein ganzes Leid:
„Ach Opa, meine Musik macht niemandem außer Pinga Freude. Dabei kann ich schon fast so schön spielen wie du."

„Laß mich einmal hören was wir das letzte Mal zusammen eingeübt haben", sagt Opa und setzt sich aufmerksam hin. Während Pingu spielt, runzelt er ab und zu die Stirn.
„Also weißt du, Pingu, was du bis jetzt gelernt hast ist gar nicht übel. Aber da und dort könnten wir einige Töne noch etwas verbessern. Hör mir einmal gut zu."

Opa lehnt sich zurück und wiederholt das Stück.
„Es tönt etwas anders als bei mir", gibt Pingu zu. „Aber alle Töne richtig zu treffen ist eben sehr schwierig."
„Bei der Musik ist es wie bei vielen anderen Dingen im Leben, Pingu. Was leicht aussieht, muß zuerst fleißig geübt werden", erklärt ihm Opa.

Geduldig zeigt er Pingu, welche Tasten und Knöpfe er
drücken muß, damit die richtigen Töne erklingen.
„Siehst du, es ist gar nicht so schwer, wie du gedacht hast,
nicht wahr? Aber was meinst du zu einer kleinen Erfrischung
zwischendurch?" fragt Opa nach einer Weile zufrieden.
Pingu läßt vor Freude beinahe die Ziehharmonika fallen!

Frisch gestärkt gelingt es ihm, das Stück gleich dreimal hintereinander ohne Fehler zu spielen. Opa begleitet ihn mit einer zweiten Melodie und klatscht dazu mit den Füßen. „Mama und Papa werden Ohren machen, wenn sie mich hören. Opa, morgen komme ich wieder in die Musikstunde zu dir", sagt Pingu glücklich, bevor er heimgeht.

Die ganze Familie ist am Tisch versammelt als Pingu leise ins
Iglu kommt. Schnell setzt er sich auf die Spielzeugtruhe und
zieht die Ziehharmonika ein paar Mal auseinander.
„Pingu ist wieder da!" jauchzt Pinga.
„Ach Pingu, ich fürchte, du wirst es wohl nie lernen. Du hast
keinen Sinn für Musik", meint Mama enttäuscht.

„Da bin ich aber nicht so sicher", lacht Pingu vor sich hin.
Dann spielt er ohne den kleinsten Fehler das schöne Stück,
das ihm Opa beigebracht hat. Mama und Papa staunen nur.
„Nochmal, nochmal", bettelt Pinga immer wieder und
hämmert mit dem Kochlöffel den Takt dazu.

Pingu und der Drehorgelmann

Endlich ist der Drehorgelmann wieder einmal im Dorf. Pingu hört ihm eine Weile zu, dann rennt er aufgeregt nach Hause. „Mama, darf ich eine Münze aus meinem Sparstrumpf nehmen?" fragt er. Mama nickt und gibt ihm noch eine dazu.

Pingu stellt sich wartend neben den verbeulten Hut.
„Bitte, spenden Sie auch etwas für die schöne Musik?" ruft er
immer, wenn er schon von weitem jemanden erblickt.
Zwei Leute werfen kleine Münzen in den Hut. Die übrigen
gehen einfach an Pingu und dem Drehorgelmann vorüber, als
ob sie die beiden weder sehen noch hören würden.

„Ich habe leider kein Geld bei mir", sagt ein Mann.
„Aber dafür habe ich einen Fisch. Bestimmt ist der Drehorgelmann hungrig, es ist schon bald Essenszeit. Bring ihm doch
den Fisch, Pingu."
„Vielen herzlichen Dank, auch im Namen des Drehorgelmanns", sagt Pingu glücklich.

Dann rennt er damit zum Drehorgelmann.
„Hier können Sie sich stärken, Sie haben sicher Hunger. Darf ich inzwischen für Sie Musik machen?"
Der Drehorgelmann setzt sich dankbar hin und murmelt:
„Der Kleine hat ein gutes Herz. Heutzutage haben nur wenige Verständnis für einen armen alten Mann wie mich."

Pingu dreht voll Begeisterung die Kurbel. Dazwischen bittet er
jeden, der vorbeikommt, um eine kleine Spende.
„Hallo, bitte, wollen Sie auch..." beginnt Pingu jeweils seinen
Satz. Doch dieser Mann streckt nur hochnäsig seinen
Schnabel in die Luft und stolziert ohne ein Wort zu sagen
über den Hut hinweg an Pingu vorbei.

Pingu starrt ihm nach und vergißt sogar, Musik zu machen.
„Wie kann man nur so unfreundlich sein", schüttelt er den
Kopf. „Wart nur, dir zeig ich es", sagt er plötzlich.
Er dreht sehr schnell die Kurbel, und eine quietschende
Musik ertönt. Vor Schreck merkt der Mann nicht, daß gleich
vor ihm ein Eisloch liegt.

„Für heute ist es genug, ich muß mich etwas ausruhen", sagt der Drehorgelmann müde. Pingu begleitet ihn nach Hause. „Da wohnen Sie?" fragt Pingu erstaunt und schaut sich traurig in dem völlig verlotterten Iglu um.
„Ich habe kein Zuhause, Kleiner, bin immer allein und unterwegs. Aber an diesem Ort störe ich wohl niemanden."

Nach einigem Bitten läßt der Drehorgelmann Pingu mit der Drehorgel fortgehen. Pingu marschiert durchs Dorf und hält vor jedem Geschäft an. Die Bäckerin hat ihm schon ein frisches Brötchen und eine knusprige Brezel gegeben. „Hier habe ich zwei Decken für dich gefunden, Pingu", sagt der Schneider, als er aus seinem Laden kommt.

Schnell füllt sich der kleine Einkaufskorb, der an einer Seite der Drehorgel befestigt ist. Zum Schluß geht Pingu auch noch beim Fischhändler vorbei.

„Ich spiele für den alten Drehorgelmann, der niemand hat, der für ihn sorgt", erklärt Pingu eifrig. „Ich will ihm heute ein wenig helfen."

Dann schiebt Pingu die Drehorgel zurück in das alte Iglu, das
etwas außerhalb des Dorfes steht.
„Wenigstens heute muß der Drehorgelmann nicht hungern
und frieren", denkt Pingu zufrieden.
„Wo hast du nur all die schönen Dinge her, Kleiner?" begrüßt
ihn der Drehorgelmann, als er ins Iglu kommt.

„Ich habe für Sie im Dorf Musik gespielt. In fast jedem
Geschäft hat man mir etwas mitgegeben", sagt Pingu stolz.
Dann deckt er fein säuberlich den alten, etwas wackeligen
Tisch, der an einer Wand steht, und schiebt ihn zum Sessel
des Drehorgelmanns hinüber.
„Bitte, greifen Sie zu, das ist alles für Sie", ruft er.

„Solange der Wind durch die vielen Löcher pfeift, kann es hier
drinnen nie gemütlich werden", denkt Pingu. Zum Glück
liegen am Boden rostige Nägel und ein Hammer herum.
Draußen hat er alte Bretter gesehen. Gleich beginnt Pingu,
alle Lücken zuzunageln. Zwischendurch schaut er ins Iglu.
„Es scheint ihm zu schmecken", denkt er glücklich.

„Komm her, Kleiner, ich danke dir", sagt der Drehorgelmann, als Pingu wieder ins Iglu kommt. „Wer bist du eigentlich?"
„Ich bin Pingu."
„Dich werde ich nie vergessen, kleiner Pingu. Weil du so gut zu mir warst, schenke ich dir zur Erinnerung meine Mundharmonika."

Der Zirkus ist da!

Seit vielen Tagen sind Pingu, Pinga und Robby jeden Nachmittag unauffindbar. Sie haben heimlich beschlossen, eine Zirkusvorstellung zu geben. Bald ist es soweit: Die Plakate sind fertig und können aufgehängt werden.

„Schaut an, ein Zirkus kommt in unser Dorf", freuen sich die Leute und erzählen die Neuigkeit weiter. Bald wird überall davon gesprochen. Pingu und Pinga sind fast nur noch zum Essen und Schlafen daheim, so lange dauern die Proben. „Wo steckt ihr denn immer?" fragt Mama etwas beunruhigt.

Schließlich sagt Papa beim Abendessen: „Wenn ihr morgen wieder einmal brav zu Hause bleibt, dürft ihr am Samstag in den Zirkus gehen."
Pingu und Pinga müssen laut lachen, aber sie verraten nichts. Doch am nächsten Tag entdeckt Mama die kleine Pinga, die gerade auf dem Boden ein Plakat ausbreitet.

Nun ist das Geheimnis enthüllt. Pinga erzählt stolz, daß sie mit Pingu und Robby Zirkus spielt.
„Jetzt weißt du endlich, Mama, warum wir nie zu Hause waren", piepst sie vergnügt.
Natürlich sind Mama und Papa bei den ersten Zuschauern, die am Samstag auf ihren Plätzen sitzen.

Der Andrang an Leuten ist so groß, daß Pingu und Robby
kurz vor Beginn der Vorstellung schnell noch mehr Eisblöcke
zum Sitzen herbeischieben müssen.
Endlich öffnet sich der Vorhang und das Orchester fängt das
Spielen an. Robby verneigt sich nach allen Seiten:
„Hochverehrtes Publikum: Die Vorstellung beginnt!"

„Als erste Sensation des Zirkus Eis-Stern darf ich Ihnen Signorina Pinga-La-Balla ansagen", verkündet Pingu laut durch einen Trichter, damit man ihn auch auf den hinteren Plätzen gut verstehen kann.
Die Zuschauer sind entzückt darüber, wie geschickt die kleine Pinga mit den vielen Bällen jongliert.

Dann hat Robby seinen ersten Auftritt. Pingu wirft ihm von
weitem einen großen Ball zu, den er sofort mit seiner
Nasenspitze auffängt.
Pinga darf die Dompteuse spielen.
„Allez! Hopp! Robby!" kommandiert sie, wie im richtigen
Zirkus und schwingt dazu elegant ihre Peitsche.

Doch der Höhepunkt in dieser Nummer ist Robbys Sprung durch einen Reifen, den Pinga hoch in die Luft hält. Atemlos schaut ihm das Publikum dabei zu. Nachdem der Applaus etwas abgeflaut ist, schlängelt sich Robby auf dem Boden schnell hinter den Vorhang.

Gleich kommt er zurück. Mit ein paar Ziehharmonikaklängen kündigt er den nächsten Auftritt an:
„Liebe Damen und Herren, meine hochverehrten Kinder! Vor Ihnen steht Pingu, der Muskelmann vom Südpol!"
Pingu turnt tüchtig. Erst streckt und dreht er sich in alle Richtungen, dann stemmt er eine schwere Hantel in die Luft.

Als er sie wieder abstellt, wischt er sich mit dem Arm den Schweiß von der Stirn. Da kommt plötzlich Pinga hinter dem Vorhang hervor:
„Ich weiß gar nicht, was du immer hast. Das ist doch nicht schwer", meint sie und trägt die Hantel einfach davon.
Die Zuschauer johlen und kreischen vor Vergnügen.

Jetzt ist die große Schaukelnummer im Gange. Pingu und
Pinga fliegen so hoch in die Luft, daß Mama fast nicht
hinschauen kann.
Auf Pingus Seite steht ein großer mit Wasser gefüllter Bottich
bereit. Statt auf dem Brett wird Pingu am Schluß der Nummer
im Bottich landen.

Aber diesmal hat Robby ganz heimlich an Stelle des Wassers
graue Farbe eingefüllt. Verwundert sieht Pingu an sich herab,
während die Zuschauer vor Begeisterung aufspringen.
„Du brauchst heute Abend nochmals ein Bad", lacht Pinga.
Pingu ist beleidigt. Wütend füllt er seinen Schnabel mit Farbe
und besprüht damit seine Schwester.

Unter dem Riesengelächter des Publikums verschwinden die drei Freunde hinter dem Vorhang. Für die Schlußmusik verwandeln sie sich in wunderschöne Clowns. Doch an der Größe und Form sind sie noch immer leicht zu erkennen. Das Publikum klatscht laut und lange und ruft immer wieder: „Zugabe! Zugabe! Zugabe!..."